AF343697

CATALOGUE

DE

TABLEAUX

dont quelques-uns de premier ordre,

et d'une belle collection

DE

GRAVURES ANCIENNES ET MODERNES

DE GRANDS OUVRAGES A FIGURES,

Provenant du cabinet de feu M. le baron de C[....] [Claire],

ancien ministre plénipotentiaire,

DONT LA VENTE AURA LIEU

HOTEL DES VENTES MOBILIÈRES,

RUE DES JEUNEURS, N° 42,

Salle n° 1,

LES 27, 28 ET 29 MARS 1850,

Par le ministère de M° **BONNEFONS DE LAVIALLE**,

Commissaire-Priseur, rue de Choiseul, 11 ;

Assisté de M. FERDINAND **LANEUVILLE**, Peintre-Expert,

rue Caumartin, n. 44,

Et de M. **DEFER**, Expert pour les Estampes, quai Voltaire, 21.

EXPOSITION PUBLIQUE

Le Mardi 26 Mars 1850, veille de la vente, de midi à cinq heures.

PARIS.

IMPRIMERIE ET LITHOGRAPHIE DE MAULDE ET RENOU,

rue Bailleul, n. 9-11, près du Louvre.

1850

CATALOGUE

DE

TABLEAUX

dont quelques-uns de premier ordre,

et d'une belle collection

DE

GRAVURES ANCIENNES ET MODERNES

DE GRANDS OUVRAGES A FIGURES,

Provenant du cabinet de feu M. le baron de C....,
ancien ministre plénipotentiaire,

DONT LA VENTE AURA LIEU

HOTEL DES VENTES MOBILIÈRES,

RUE DES JEUNEURS, N° 42,

Salle n° 1,

LES 27, 28 ET 29 MARS 1850,

Par le ministère de M° **BONNEFONS DE LAVIALLE,**
Commissaire-Priseur, rue de Choiseul, 11 ;

Assisté de M. **FERDINAND LANEUVILLE,** Peintre-Expert,
rue Caumartin, n. 44,

Et de M. **DEFER,** Expert pour les Estampes, quai Voltaire, 21.

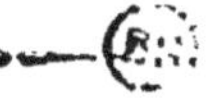

EXPOSITION PUBLIQUE
Le Mardi 26 Mars 1850, veille de la vente, de midi à cinq heures.

PARIS.

IMPRIMERIE ET LITHOGRAPHIE DE MAULDE ET RENOU,
rue Bailleul, n. 9-11, près du Louvre.

1850

3700

CONDITIONS DE LA VENTE.

Elle sera faite au comptant.

Les acquéreurs paieront, en sus des adjudications, cinq centimes par franc applicables aux frais.

DÉSIGNATION

DES TABLEAUX

BRAUWER.

1 — Intérieur de cabaret.

BRÉE (VAN).

2 — Fleurs dans un vase.

BEERSTRAATEN.

3 — Vue d'Ancône.

Tableau capital; belle et riche composition.

BREUGHEL.

4 — Sujet tiré de l'Histoire Sainte.

BREUGHEL (Signé).

5 — Au milieu d'une foule immense, Jésus portant sa croix et succombant de fatigue, est
réduit à se traîner à genoux; sainte Véro

nique lui présente le linge sur lequel doivent se reproduire, d'une manière ineffaçable, les traits du Sauveur.

BREUGHEL et FRANCK.

6 — Les quatre éléments.

BRILL (Paul).

7 — Intérieur de forêt.

CUYP (Albert).

8 — Le départ de Dordrecht pour la pêche du hareng. La flotille des bateaux pêcheurs est rangée devant Dordrecht, et du bateau amiral de cette pacifique expédition, le tambour donne le signal du départ.

Ce tableau est le premier, par son importance, que nous ayons vu jusqu'ici dans les ventes qui se sont faites à Paris; à de rares intervalles, nous pouvions admirer des pâturages de Cuyp, mais ses marines sont fort rares en France, et la seule que nous connaissions chez les amateurs, est celle de M. le baron James de Rothschild.

Peintre du soleil, Cuyp a su aussi bien que le Lorrain, éclairer ses eaux, ses terrains, d'une lumière douce et dorée; ses ciels sont d'une finesse admirable, et ce qui distingue surtout les moindres de ses tableaux, c'est l'air que le maître y fait circuler, ce qui leur donne à la fois un aspect de poésie et de réalité.

Ces qualités éclatent surtout dans le Départ pour la pêche du hareng; tout éloge de ce tableau resterait au dessous de la vérité, et il faut le voir pour se faire une idée de la transparence des eaux, de la finesse des teintes du ciel, et de la calme

· 5

lumière répandue partout; en un mot, de l'immense talent
d'Albert Cuyp, que cette œuvre révèle tout entier.

· Sir Abraham Hume a acheté 2,000 guinées, à M. de la Hante,
le pendant de ce tableau, représentant le retour de la pêche.
M. Waagen, directeur du musée de Berlin, comparant ces
deux tableaux, estime celui dont il s'agit ici, 2,600 guinées.

Toile. Haut. 1 m. 37 c. Larg. 1 m. 62 c.

DEVRIES.

9 — Paysage traversé par un chemin sur lequel
on apperçoit quelques voyageurs à pied et
à cheval.

DIETRICH.

10 — Paysage, site sauvage. Ermite en médita-
tion.

DOMINIQUIN.

11 — Paysage d'un style sévère; il est orné de fi-
gures.

EVERDINGEN (A.).

12 — Scieries au bord d'un torrent.

Au pied de hautes montagnes, entre des rives escarpées
plantées de sapins, une masse d'eau se précipite avec empor-
tement et se brise en bouillonnant sur de gros et noirs rochers
qui apparaissent au milieu du torrent; des scieries se sont éta-
blies au bord, et une partie des eaux a été recueillie et con-
duite par des troncs de sapin pour les mettre en mouvement.

Toile. Haut. 1 m. 50 c. Larg. 1 m. 33 c.

DU MÊME.

13 — Torrent au fond d'une vallée.

Cette fois, entraîné par une pente moins rapide, le cours du
torrent est plus tranquille, et, quoiqu'arrêté souvent par des

blocs de rochers, il tourne autour d'eux en écumant, et ne forme que de petites cascades; de tous côtés, des montagnes escarpées dont l'une est couronnée d'un château-fort, au dessus de tout cela un admirable ciel rempli de nuages blancs déchirés par le vent, et digne d'être comparé aux plus beaux ciels de Ruysdaël.

Le mâle et énergique talent d'Everdingen a trop rarement l'occasion d'être admiré en France, et nous regrettons qu'il ne passe pas plus souvent, sous les yeux des amateurs, des œuvres aussi importantes que celles dont nous nous occupons aujourd'hui; on apprécierait alors la puissance de ce maître, qui s'est retrempé dans la sombre nature du Nord, et qui en est devenu un si admirable interprète : on reconnaîtrait bientôt en lui un rival de Ruysdaël, et les hauts prix affectés aux ouvrages de ce dernier ne tarderaient pas à être attribués également à ceux d'Everdingen.

L'inspecteur de la galerie royale de Copenhague, où se trouvent les plus beaux tableaux d'Everdingen, estimait 3,000 thalers la Scierie au bord du torrent, qu'il mettait au rang de ses chefs-d'œuvres.

M. Waagen regardait ce même tableau comme l'un des plus poétiques de ce maître, et l'estimait 12,000 francs.

TOILE. Haut. 1 m. 10 c. Larg. 1 m. 62 c.

FRANCK.

14 — Jésus chez Emaüs.

Joli tableau de ce maître.

GUIDE.

15 — Tête de Christ.

On remettra à l'acquéreur une note trouvée dans les papiers de M. le baron de Cabre, qui atteste que ce tableau a appartenu au pape Pie VI.

HOLBEIN.

16 — Portrait de femme âgée.

HERMAN (d'Italie).

17 — Paysage d'une belle composition, dans la manière de Claude Lorrain.

HUYSMANS (de Malines).

18 — Paysage boisé avec éboulement de terrain.

Très beau tableau, d'une belle exécution, et parfaitement conservé.

LACROIX.

19 — Très belle marine. Effet de clair de lune dans la manière de Joseph Vernet.

LUINI.

20 — Saint Jean faisant manger son agneau.

MIERIS (Guillaume).

21 — Un homme tient d'une main, une pipe, et de l'autre, un verre de vin.

Tableau d'une grande finesse d'exécution.

MILÉ (J.-F.).

22 — Paysage historique.

MOLYN.

23 — Joli paysage boisé au bord d'un étang.

DU MÊME.

24 — Village au bord de l'eau.

ORIZONTI.

25 — Des bergers conduisant un troupeau.

PALAMEDES.

26 — Deux hommes se sont endormis en buvant; une femme les regarde en riant.

POELEMBOURG (Corneille).

27 — Plusieurs personnages se reposent sur un chemin, près d'une fabrique en ruine.

ROMBOUTS.

28 — L'entrée d'un village.

DU MÊME.

29 — Pendant du précédent, moulin au bord de l'eau.

Ces deux jolis tableaux sont dans la manière de Ruysdaël.

VELASQUEZ.

30 — Portrait de Diehters Quévédo.

De la galerie du marquis de Villa Franca, duc de Medina Sidonia.

PAR, ET, D'APRÈS DIFFÉRENTS MAITRES.

BERGHEM (attribué).

31 — Dans un paysage au bord de l'eau, un homme et une femme gardent un troupeau de vaches et de moutons.

CANALETTI (attribué).

32 — Vue du grand canal de Venise.

DICK (Van) d'après.

33 — Portrait d'homme à cuirasse.

DOMINIQUIN (copie).

34 — la Vierge aux roses.

De la galerie de Bologne.

DUGHET (genre de).

35 — Paysage. Site d'Italie.

GUERCHIN (copie).

36 — Vision de saint Bruno.

De la galerie de Bologne.

GUERCHIN (d'après).

37 — Saint Bruno.

GUIDE (attribué à).

38 — Jésus enfant endormi sur la croix.

JARDIN (Karel du) attribué.

39 — Au pied de hautes ruines et près d'une fon-
taine, des pâtres se reposent en gardant
leurs troupeaux.

Les qualités aériennes qu'on trouve dans ce tableau l'ont
toujours fait attribuer à ce maître.

JOUVENET (copie d'après).

40 — Descente de croix.

MARATTE (Carl) d'après.

41 — Copie d'une Vierge (par M. Nahl de Cassel).

REMBRANDT (d'après).

42 — Miniature. Le poète Croll.
De la galerie de Cassel.

REMBRANDT (copie par M. Nahl de Cassel).

43 — La bénédiction paternelle.

DU MÊME.

44 — Une femme tenant son enfant dans ses bras.

REMBRANDT (copie).

45 — Homme taillant sa plume.

REMBRANDT (d'après).

46 — Tête d'homme coiffé d'une toque.

TITIEN (copie).

47 — Portrait de femme connue sous le nom de sa maîtresse.

VAN DEN VELDE (attribué à G.).

48 — Jolie petite marine.

Sur le premier plan, des hommes se baignent.

VÉRONÈSE (Paul, attribué à).

49 — Les noces de Cana.

ÉCOLE MODERNE ALLEMANDE.

AUBEL (de Cassel).

50 — Jeune fille tenant des fleurs.

DU MÊME.

51 — Jeune fille tenant une gerbe.

M. MULLER (de Cassel).

52 — Sainte Elisabeth faisant l'aumône aux pauvres,
à la porte de son palais.

DU MÊME.

53 — Mort de sainte Élisabeth.

DU MÊME.

54 — Saint Hubert.

DU MÊME.

55 — Herminie chez les bergers.

DU MÊME.

56 — Rebecca au puits.

DU MÊME.

57 — Tobie et l'Ange.

DU MÊME.

58 — Chien en arrêt.

DU MÊME.

59 — Chasse au marais.

DU MÊME.

60 — La saisie.

DU MÊME.

61 — La Vierge et l'Enfant-Jésus.

M. PIETRO FANTUZZI (peintre de Bologne).

62 — Vue d'Italie, effet de neige.

DU MÊME.

63 — Paysage et aquéduc.

DU MÊME.

64 — Deux vues prises au Brésil.

DU MÊME.

65 — Vue d'un lavoir public.

PRIMAVEZI.

66 — Douze petits tableaux. Les douze heures du
jour.

M. RUHL (de Cassel).

67 — Chevaux.

ÉCOLE ITALIENNE.

68 — Paysage avec fabriques.

IDEM.

69 — Pendant du précédent.

IDEM.

70 — Prédication de saint Jean.

ECOLE ESPAGNOLE.

71 — Le Christ en croix.

La Vierge évanouie est soutenue par les saintes femmes.

ECOLE ALLEMANDE.

72 — L'Annonciation.

ECOLE FRANÇAISE.

73 — Portrait de Piccini.
74 — Grand paysage avec ruines.
75 — Paysage.

On aperçoit, sur le haut d'une montagne, un château-fort ; et dans le bas, une ville avec une fort belle église.

76 — Vue d'un port de mer, avec phare en ruine.
77 — Le Réveil de l'Enfant-Jésus.
78 — Fabriques italiennes.
79 — La Sainte-Vierge contemplant l'Enfant-Jésus endormi.
80 — Repos de la Sainte-Famille.
81 — Deux petits pendants. Clair de lune.
82 — Deux paysages sur carton.
83 — Miniature. Une Femme en pleurs d'après Van-Dyck.
84 — Idem, Un Homme et une Femme en prières.
85 — Un petit cadre renfermant huit portraits par Titien, Netscher, Palamèdes, Roos, etc.

ESTAMPES

ANCIENNES ET MODERNES.

ESTAMPES GRAVÉES

d'après Michel Ange, Pérugin, Raphaël, André del Sarto
et Fra Bartholomeo.

1 — Pendentifs de la chapelle sixtine, par *Cunego* en 1796, et *A. Fabri, Luigi Fabri* en 1828, plus un trait du plafond et le jugement dernier, 16 pièces d'après Michel-Ange.

2 — Sibylle et la Pieta, d'après Michel-Ange par *Cunego* et *C. Piotti.*

3 — Les peintures de Raphaël dans les chambres du Vatican, 13 pièces gravées par *R. Morghen, Volpato* et *Fabri.* Cet article pourra être divisé.

4 — Vierge, l'Enfant-Jésus et deux Saints, par *Steinmuller* ; Madone et deux Saints, par *Paul Gleditsch*, deux pièces d'après Perugin.

5 — Portrait de Raphaël, par *M. Forster*, épr. avant la lettre, pap. de Chine.

6 — La Visitation, d'après Raphaël, par *M. Desnoyers*.

7 — Vierge au Donataire d'après Raphaël, par *M. Desnoyers*, belle épreuve.

8 — La Vierge de la maison d'Albe, d'après Raphaël, par *M. Desnoyers*.

9 — La Vierge d'Orléans, par *M. Forster*, épr. avant l. l., pap. de Chine n. 10.

10 — Mariage de la Vierge d'après Raphaël, par *Longhi*, rare épreuve av. l. l., seulement quatre vers en lettres tracées.

11 — Sainte-Famille, par *Longhi*, 1827.

12 — La Madone au lac, par *Longhi*, et Vierge et Enfant-Jésus, par *Kruger*, deux pièces d'après Raphaël.

13 — La Transfiguration, d'après Raphaël, par *Antoine Morghen*, épr. av. la lettre.

14 — *Los Spasimo di Sicilia* d'après Raphaël, épr. av. la let. pap. de Chine.

15 — La Vierge, l'Enfant-Jésus et saint Jean, par *Toschi*, épr. av. toute let.

16 — *Madona del Velo*, par *Toschi*, épreuve avant la lettre.

17 — Vierge à l'Oiseau et Madone du Grand-Duc, par *M. Martinet*, épr. avant toute let., pap. de Chine, deux pièces d'ap. Raphael.

18 — Vierge à la Chaise, d'après Raphael, par *Gararaglia* en 1828, épreuve sur pap. de Chine.

19 — Sainte-Famille, par *Anderlonni*, d'après le tableau de Raphael qui est chez le duc de Staffort, épr. av'. la let.

20 — Héliodore chassé du Temple, et Atila, roi des Huns, deux estampes par *Anderlonni*, d'ap. Raphael.

21 — Le couronnement de la Vierge, d'après le tableau de Raphael à Pérouse en 1504, par *Stolzel* de Dresde en 1832.

22 — Adoration des Rois, au musée de Berlin par *Eduard Eichens* de Berlin en 1836. Christ porté au tombeau, dit le Christ Borghèse, par *Amsler*, deux pièces d'ap. Raphael.

23 — Vierge au palais Colonne, Vierge de la Rédemption, *Dilectus Meus*, trois pièces d'après Raphael, par *Masquelier, Biondi Perfetti*.

24 — Sainte-Famille, le Sauveur, Sainte-Catherine et la Fornarina, d'après Raphael, par *Bonaini, Gruner, Caspar Hess*, et Vierge d'ap. Garafolo, épr. av. l. l., et la madona col Bambino d'après André del Sarto, par *Morghen*.

25 — *Madona del Trono* et le Joueur de violon, d'après Raphael et André del Sarto, par *Fielsing*, épr. lettre grise.

+ 26 — Vierge au Poisson, d'après Raphael, par *Selma*, 1782.

27 — La Vierge au Poisson, d'après Raphael, par *Muller*, épr. av. la let.

28 — Vierge par *Folo*, Sainte-Marguerite, par *Rahl*, Saint-Marc, par *C. Hess*, Vierge au Poisson, par *Selma*, quatre pièces d'après Raphael et deux d'après Fiesole.

29 — Adam et Ève et la Vierge au Livre, deux pièces d'après Raphael, par *Richomme*.

30 — Galatée, d'après Raphael, Thétis portan^t l'armure d'Achille, d'après Gérard, par *Richomme*, belles épreuves.

31 — Portrait de Marc-Antoine, d'après Raphaël, par *Lesnier*, en 1838.

32 — Les loges de Raphael, par *C. Fauteluis*, in-fol. obl.

33 — Madone de la Cathédrale de Saint-Luc, par *Samuel Jesi*, et Présentation au Temple d'après Fra Bartholomeo de Saint-Marc en 1516, par *Perfetti* en 1816.

34 — Présentation au Temple, d'après Fra Bartholoméo, par *Rahl*, 1823.

ESTAMPES GRAVÉES

d'après Léonard de Vinci et Bernard Luini.

35 — La Cène, d'après le tableau de Léonard de Vinci au réfectoire des Dominicains de Milan. Très belle épreuve avec la virgule, très rare.

36 — Vierge au bas-relief, par M. *Forster*, épr. avant la lettre, pap. de Chine, n. 55.

37 — Vierge aux Rochers, d'après Léonard de Vinci, par *M. Desnoyers*, rare épr. avant toute lettre.

38 — Vierge aux Balances, d'après Léonard de Vinci, par *M. Garnier*, épr. lettre grise,

39 — La Vierge sur les genoux de Sainte-Anne, par M. *Laugier*.

40 — Christ de Léonard de Vinci, par *Buzing Mul-ler*.

41 — Tête de Christ et portrait de Léonard de Vinci d'après ce maître, par *Morghen* et *Caulin*, et diverses Sainte-Famille et Descente de Croix d'après *B. Luini*, par *Gruner* et *Raggio*. Une Sainte-Famille d'après Andréa Previtali en 1532, par *Gruner* en 1835.

42 — La Vierge et deux Saintes, d'après Léonard de Vinci, par *Steinmuller*, en 1827.

43 — Léda, par *Leroux*, d'apr. Léonard de Vinci.

44 — La Vierge, Saint-Antoine et Sainte-Agnès, d'après B. Luini, par *Bisi*, épreuve avant la lettre.

45 — Vierge et Saint-Joseph en adoration devant l'Enfant-Jésus, d'après Luini, par *C. Piolti*. Christ portant sa croix, d'après Luini, par *Kruger*.

46 — Présentation au Temple, d'après B. Luini en 1525, par *Giberte*, en 1815.

ESTAMPES

d'après le Guide, le Corrège, le Titien et autres grands maîtres Italiens.

47 — Jésus sur la montagne, Jésus et ses disciples, les Vendeurs chassés du Temple, quatre pièces d'après Boticelli, et autres gravées par *Nicolas Aurelli*, épr. avant la lettre.

48 — Assomption de la Vierge, d'apr. Le Titien, par *Schiaroni*.

49 — Mise au Tombeau, d'après Le Titien, par *Schiavoni*.

50 — Vierge aux Anges, d'après Le Titien, par *Anderloni*, épreuve avant la lettre, papier de Chine, les noms à la pointe.

51 — *Madona col divoto* d'après le Corrège, par *Bettelini*, en 1828.

52 — Madone de saint François, d'après le tableau du Corrège à la galerie de Dresde
par *Peter Lutz*.

53 — Magdeleine, d'après le Corrége, par *Anderloni*, et Jésus au jardin des Oliviers,
d'après Dolci, par *Fielsing*, épr. papier
de Chine.

54 — Mater amabilis, d'après Sasso Ferrato, cinq
pièces par *Rosaspina*, de la galerie de Bologne et quatre pièces d'après Raphaël et
C. Dolci, par *Ritter*.

55 — Saint-Jean et Magdeleine, d'après Schidone
et le Dominiquin, deux pièces par *Belle-
lini*.

56 — Galatée, d'après l'Albane, par *Longhi*,
en 1813.

57 — La mort de Saint Jérôme, d'après le Dominiquin, par *Tardieu*, en 1821, épr. avant
la lettre.

58 — L'enlèvement de Déjanire, d'après le Guide,
et l'éducation d'Achille, d'après Regnault,
par *Berric*, très belle épreuve.

59 — La Vierge allaitant l'Enfant Jésus, et le
petit Jésus, et un Amour couché, trois
estampes d'après le Guide, par *Gandolfi*.

60 — Les Pères de l'Église, d'après le Guide.
par *Scharp*.

61 — Sainte Agnès, d'après C. Dolci; Cupidon,
d'après Guido Reni. Deux pièces par
Strange.

62 — Tête de Christ, d'après le Guerchin, par *Gruner*; Beatrice Cenci, d'après le Guide, par *Gararaglia*; Mariage de Sainte Catherine, par *Fielsing*, d'après le Corrège.

63 — Christ en croix, d'après le Guide, par *Gaetano Guadagnini* en 1827.

64 — Un Possédé, d'après le Dominiquin, par *Rusikerreyh*, 1813; épreuve avant la lettre.

65 — Visitation, d'après Allesandro Bonvicino, par *F. Cecchini*, 1799, épr. avant la lettre. Mars et Vénus, d'après Guerchin, par *Berselli*, 1837, épreuve avant la lettre.

66 — L'Adoration des Bergers, d'après Raphaël Mengs, par *Raphaël Morghem*, très belle épreuve.

67 — Agar dans le désert, d'après le Baroche, par *Gararaglia*. Lettre grise.

68 — La Vierge, saint François, et sainte Catherine, d'après le Guide, par *Louis Martelli*, Magdeleine, d'après Battonni, par *Schultz* Mise au tombeau d'après Daniel Crespi, par *Longhi*, épreuve avant la lettre, trois pièces.

ESTAMPES GRAVÉES

d'après les maîtres de l'École Espagnole.

69 — Le Frappement du Rocher, d'après le tableau de Murillo qui est à Séville, gravé par *Estère*.

70 — Vierge et Enfant Jésus, d'après Murillo, tableau de la collection Noël Desenfants, par *Say*.

71 — La Magdeleine, d'après Murillo, par *R. Morghem*.

72 — Neuf portraits Charles V, Velasquez, Murillo, A. Cano, Calderon, Cervantes, etc., gravés en Espagne.

73 — Le Divin Pasteur et l'Éducation de la Vierge deux lithographies, d'après Murillo.

ESTAMPES

d'après les maîtres Allemands.

74 — Treize costumes suisses, d'après les dessins d'Holbein à la bibliothèque de Bâle, par *Mechel* en 1790.

75 — Albert-Durer, d'après ce maître, par M. *Forster*; Tête de Christ, d'après Holbein, par *C. Bartsch*.

76 — Têtes de Christ, d'après Albert-Durer, Hem-
ling, etc.; quatre pièces, une estampe en
trois feuilles non terminée, d'après Durer.

77 — Sainte Famille, d'après Overbeck, par *Fielsing*, épreuve avant toute lettre.

78 — Christ mort, d'après Hoffman, par *Schadow*,
Sainte Catherine, d'après Mucke, par
B. Weiss.

79 — Geneviève, par *Steinbruck*, de Dusseldorf,
épreuve avant la lettre; Famille tyro-
lienne, d'après Wadmuller, par *Stober*;
les Fous, d'après Kaulbach; Roland-
furieux, d'après J. Hubner, en 1828;
quatre pièces.

80 — Saint Jean prêchant, et Visitation, lithographies d'après Overbeck par *Von Win-
terhalter* et neuf autres lithographies allemandes d'après des tableaux d'artistes
anciens et modernes, par *Olderman, Luja*
et autres.

91 — Le Guerrier et l'enfant, par *Mandel de
Berlin* en 1835, et les Enfants d'Édouard,
d'après Hildebrang, et une scène des
croisades, d'après M. *Odier*.

82 — Vingt-quatre portraits étrangers, Anglais,
Allemands, Suédois, etc., gravés et litho-
graphiés.

83 — *Crim*, vingt-six planches à l'eau forte, volume in-4° et dix-sept dans un volume
in-fol.

ESTAMPES GRAVÉES

d'après les maîtres Flamands et Hollandais.

84 — Adoration des Mages, d'après Hubert van Eyck 1370, par *Hess de Munich* 1823.

85 — Descente de croix, d'après Rubens, par *Claessens*, épreuve ancienne.

86 — Femme hydropique, d'après Gérard Dow, épreuve avec la lettre grise et papier de chine.

87 — Tricoteuse, d'après Mieris, par *Wille*, très belle épreuve.

88 — La Ménagère hollandaise ; le jeune Joueur d'instrument, le Petit physicien, trois pièces, belles épreuves, par *Wille*.

89 — Rubens, sa femme et son fils, par *Marc Ardell* et deux pièces, d'après Matsys et Peter Lely ; Rabin, d'après Rembrandt, par *Pethers*, épreuve avant la lettre, quatre pièces.

90 — Les fleurs et les fruits, d'après Van Huysum, par *Richard Ear-lom*, épreuves avant la lettre.

91 — Le Chevalier de Monteade, d'après Van-Dick, par *Raphaël Morghen*, épreuve avant la lettre.

92 — Vénus et Adonis, etc., deux sujets de la Fable, d'après Suanewelt, par *Volpato*.

93 — Martyre d'un saint, d'après Gérard Dow, par *Longhi*, épreuve avant toute lettre.

ESTAMPES GRAVÉES

d'après des peintres Français.

91 — Portrait du Poussin, par *Lignon* et l'eau forte; le Temps et la Vérité, d'après N. Poussin, par *Folo*.

95 — La Sainte Famille, d'après N. Poussin, par *Raphaël Morghen* et *Anderlouni*, très belle épreuve.

96 — Rebecca, d'après N. Poussin, par M. *Desnoyers*.

97 — Louis XVI, d'après Callet; Senac de Merian, d'après Duplessis; deux pièces par *Berric*, la dernière avant la lettre.

98 — Entrée d'Henri IV, dans Paris, d'après Gérard, par *Toschi*.

99 — Bélisaire, d'après Gérard, par M. *Desnoyers*, épreuve avant la lettre.

100 — Louis XVIII, d'après Gérard, par *Massard*.

101 — Daphnis et Chloé, d'après Gérard, par *Richomme*.

102 — Mademoiselle Mars, d'après Gérard, par *Lignon*, épreuve avant la lettre.

103 — Le roi de Rome, d'après Prud'hon, par *Lefevre* en 1825.

104 — Pygmalion, d'après Girodet en 1819, par *Laugier* en 1824, épreuve papier de Chine.

105 — Judith, par M. *Jazet*. Et Vittoria d'Albano, par *Cousins*, deux pièces d'après M. Horace Vernet.

106 — Sainte-Amélie, par *M. Mercury*. Très belle épreuve. M. Guizot, épreuve avant la lettre; Saint-Vincent de Paule, par *Prevost* et les enfants d'Édouard, par *Prud'homme*. Quatre pièces d'après M. Delaroche.

107 — Les Moissonneurs et la fête à la Madone de l'arc. Deux eaux fortes, d'après Léopold Robert, par *Prévost*.

108 — La tasse à Saint-Onofrio, d'après Robert Fleury, par M. *Dien*; l'horoscope de Sixte Quint, d'après M. Schnetz, par *Boscq*.

109 — Maison du Tasse et maison de Michel-Ange à Rome, d'après Dejuine, par M. Aubry-le-Comte et deux eaux fortes de mademoiselle Gérard.

110 — Jérôme Napoléon, d'après Kinson, par *Muller*. Le masque de Napoléon, par M. *Calamatta*.

111 — Vingt et un portraits de personnages français, Mirabeau, Louis-Philippe, le duc de Richelieu, par *Lignon*, etc.

ESTAMPES DE L'ÉCOLE ANGLAISE.

112 — Le Joueur de violon, le petit Commissionnaire, d'après D. Vilkie, par *Raimbach* et *Burnet*. Belles épreuves.

113 — *The Pedler*, d'après Wilkie, par *Stewart*.

114 — Walter Scott dans son cabinet à Abbotsford, d'après Allan, par *Burnet*.

115 — Jugement de la reine d'Angleterre dans la maison des Lords, le 23 août 1820, d'après G. Hayter, par *Bromley* et *Porter* en 1832. Epreuve avant toute lettre. Plus, deux épreuves d'eaux fortes et l'explication du sujet.

115 bis — Jugement de Lord Russel, d'après G. Hayter, par *Bromley*, en 1828.

116 — La reine Victoria et le portrait de sa grace le duc de Bedfort, d'après Hayter, en manière noire, par *Turner*. Epreuves avant la lettre.

117 — Trente trois eaux fortes par *Hayter*, peintre anglais, faites à Rome, de 1825 à 1828, plus, l'eau forte du jugement de Lord Russel.

118 — Dix-neuf portraits de la duchesse de Kent, la reine Victoria, Hamilton, madame Pasta, etc.

119 — *Bolton abbey in the olden Time*, d'après Landseer par *Cousins*.

120 — Mistress Peel, d'après Laurence, par *Cousins*.

121 — Les Fleurs, d'après Murillo, le petit Chaperon rouge, d'après Landseer, par *Robinson*. Marine, d'après Bonnington, par *Lewis*.

122 — L'étoile des Rois, par *Sanders*, mort d'A-
   disson. La belle Chocolatière, d'après Lio-
   tard et la copie.
123 — Lord-Byron à l'âge de 15 ans, par *Finden*,
   et un autre d'après Westal, par *Turner*,
   têtes d'Anges, d'après Reynolds. Trois
   pièces.
124 — Venise, d'après Prout, par Henri le *Keux*.
125 — *Prout* (Samuel), fac simile d'esquisses faites
   en France et en Allemagne, et dessinés
   sur pierre. Londres, 1 vol. in-fol. demi-
   rel, 50 planches.
126 — Quatre-vingt-six vignettes anglaises, 1 vol.
   in-4, demi-rel.

ESTAMPES ANCIENNES DE DIVERSES ÉCOLES.

127 — *Marc-Antoine*. Le Jugement de Paris, Mars
   et Vénus, et Vénus sortant du bain. 3
   pièces.
128 — Christ aux roseaux par *A. Carrache*, avant
   l'adresse de Van Velst. Vierge de Louis
   Carrache, Saint-Barthelemy, Saint-Jé-
   rôme de *Ribera*, Vierge et Annonciation
   du *Baroche*. 6 pièces à l'eau forte.
129 — Cinq pièces d'après le Primatice, par *Man-
   tuan*, et autres sujets d'après Calabrèse,
   Cignani, Albane, Feti, Benedette, etc.
130 — Six pièces d'après les Carraches Polydore.

131 — *Albert Durer*. Les Apôtres, Sainte-Face, l'oisiveté, Erasme, 8 pièces, plus une en bois, par *Cranach.*

132 — *Albert Durer*. La Passion , premier état, texte allemand. Apocalypse, premier état. La petite Passion (manque le titre), plus 20 pièces diverses, en tout 86 pièces gravées en bois, belles épreuves et bien conservées, dans 1 vol. in-fol., demi-rel., vélin blanc.

133 — La vie de la Vierge, très belles épreuves, texte latin au verso, in-fol. 20 pièces.

134 — Coligny, gravé à l'eau forte par *Josse Amman*, en 1573, à Nuremberg.

135 — La Magdeleine, d'après Van Avont, par *Hollar*. Belle épreuve.

136 — Incendie du Bourg, d'après Raphaël, portrait d'après Le Titien, 2 pièces, gravé à l'eau forte, par J.-J. de *Sandrart*, en 1682.

137 — Mignard, épreuve avant la petite croix dans la marge, le comte d'Evreux et Vierge d'après Van Dyck, trois pièces par *Schmidt de Berlin*.

138 — *Dietricy*. Son œuvre en 82 pièces sur 35 feuilles. Nuremberg, J.-J. *Frauenholz*, in-fol. cart.

139 — *Lucas de Leyde*. Vierge 1523, Saint Pierre, Saint-Paul, Caïn tuant Abel, l'Arracheur de dents, Vierge, six pièces; plus les co-

pies de la petite passion en quatorze pièces.

140 — Christi Funus, adoration des Rois, avec l'a-
dresse M. V. E. Silène, d'après Rubens,
Bellarminus, par *Bolswert*, et Van der
Borcht, d'après Van Dyck.

141 — Saint-Thomas, d'après Rubens, par *J. Neeffs*.
Très belle épreuve.

142 — L'automne, par *Sastleren*, 1650. La Vieille
à la Chandelle, *Rubens inrenit Exc.* paysage, par *Waterloo* et un portrait d'après
V. de Peest, par *Suyderhoeff*.

143 — Suites de Vaches et Moutons, cinq pièces à
l'eau forte, par *A. Van den Velde*.

144 — *Dujardin* (Karle), son œuvre en 52 pièces à
l'eau forte.

145 — Vache qui s'abreuve, par *Berghem* et deux
autres pièces d'après ce maître, par J.
Visscher et *Bartchs*. Et cinq pièces d'a-
près Gonzalès Coques et Lairesse, Gérard Dow, et paysage d'après Ruisdaël,
Wouwermans.

146 — *École Flamande et Hollandaise*, d'après Os-
tade, par *Jean de Visscher*, et diverses
pièces d'après Rubens, autres par Lucas
de Leyde, *C. Cort* et deux eaux fortes
par *Dussart*, *Meringh* et *Glauber*.

147 — Un vol. in-fol., contenant 42 pièces gravées
à l'eau forte et au burin, par divers artistes
dont la petite tombe par *Rembrandt*.

148 — Un vol. in-fol. demi-rel., contenant 78 estampes diverses à l'eau forte et au burin, dont 34 par *Waterloo* et quelques portraits par *Edelinck*, *Drevet*, *Nanteuil*, etc.

149 — Femme adultère, d'après N. Ponssin, par G. *Audran*, ancienne épreuve.

150 — Christ mort, d'après N. Poussin, *Jean Audran* excudit.

151 — Martyre de saint Protais, d'après Le Sueur; sainte Agnès, d'après le Dominiquin; Baptême de Jésus, d'après l'Albane. Trois pièces, par *G. Audran.*

152 — La Magdeleine, par *Subleiras*; Loth et ses filles, par *Vien*; une marine de *Manglard*; tableau de Venise, par *Denon.* Quatre pièces à l'eau-forte; plus le Troupeau en marche, par *Claude le Lorrain*, et Fuite en Egypte, d'après Claude, par *Lerpinière.*

153 — Descente de croix, deux différentes compositions gravées par *Desplaces*, d'après *Jouvenet*; Amb. Capello, d'après H. Pérès Brant, par *N. Pitau*, en 1664; Jésus dans le désert, d'après Le Brun, par *Marielle.*

154 — Saint Charles de *Morin.*

155 — La Sainte Famille, d'après Raphael, par *Edelinck*, épreuve avant les armes de Colbert.

156 — Champagne, peintre, poisson, épreuve avec
l'adresse au Séraphin, Pardebon, Mon-
tarsis, le duc de Bourgogne et une
Vierge et Enfant-Jésus. Six pièces, par
Edelinck.

157 — La Magdeleine et saint Charles, d'après Le
Brun, par *Edelinck*, deux épreuves du
St-Charles, une avant l'adresse de *Drevet*.

158 — Portrait du comte d'Harcourt, dit le Cadet
à la Perle, d'après Mignard, par *Masson*,
belle épreuve du premier état.

159 — Fouquet, par *Nanteuil*, belle épreuve avec
le mot *Missire*, pour *Messire*.

160 — Louis XIV, par *Masson*; Mollé et Lotin
de Charny, de Gillez, par *Nanteuil*;
Louis XIV, par *Poilly*, d'après Nocret;
Pierre Dupuy, Brisacier, par *Masson*.
    Les trois Marie, d'après Carrache;
Lully, d'après Rigaud, et Vierge au rai-
sin, d'après Miguard. Trois pièces, par
Roullet.

161 — Louis XIV, d'après *Mignard*; duc de Char-
tres et Baron, par *Daullé*; Le Sueur, par
Cochin; Louis XV, par *Audran* et *Lar-
messin*; Mme Victoire et Mme Elisabeth,
d'après Nattier en 1750, par *Balechou* et
Gaillard. Dix portraits.

162 — Bossuet, duc de Bourgogne, comte de Tou-
louse, cardinaux Fleury et Dubois, de
Cote, Rollin, etc. Sept portraits d'après

Rigaud, Tournier et Coypel, par *Drevet*
et *Balechou.*

163 — Samuel Bernard, d'après Rigaud, par *Drevet*, et le Christ aux anges, d'après Le
Brun, par *Drevet.*

164 — La Sainte Famille, d'après Bourdon, par
Vanschuppen, épreuve avant la draperie;
autre Sainte Famille, d'après le même,
par *Hainzelman*; le Bréviaire, d'après
C. Vanloo, par *Drevet.*

165 — Les cartons de Raphaël au château d'Hamp-
toncourt. Sept pièces, par *Dorigny.*

166 — La Descente de croix, d'après Daniel de
Voltère, par *Dorigny.*

167 — Les Planètes, par *Dorigny*, d'après Raphaël.
Neuf pièces.

168 — Six pièces, d'après divers maîtres, gravées
par *Sornique, Audran, Chasteau,* etc.

169 — Le Calme et les Baigneuses, d'après J. Vernet, par *Balechou.*

170 — *Norblin.* Son œuvre en soixante-quinze
pièce à l'eau-forte à l'imitation de Rembrandt.

VUES ET COSTUMES DE DIVERS PAYS.

171 — Six eaux-fortes, par *Huet*, 1835, pap. de
Chine.

172 — Vues d'Allemagne, vues de Cassel, mines de

fer et de cuivre en Suède, vues d'Aran-
juez et du monastère de Saint Laurent.
Soixante-sept pièces, quatre lots.

173 — Mapa geografica de America meridional dis-
puesto y gravado, par D. Juan de la
Cruz, etc., ano 1775. Huit feuilles. Plan
de Cadix en 1789, plan de Cassel en
1830, plau de Wiesbaden, bataille na-
vale en 1801, naufrage de MM. de la
Borde, vue de la Véra-Cruz, trois vues
de Weimar et une vue de Munich.

174 — *Baclerc d'Albe.* Vues d'Espagne et de
France. 88 pièces, 1 vol. in-4, demi-rel.

175 — Recueil de 40 vues de la cité de Florence.
1 obl., cart.

176 — Voyage en Italie, par *Isabey.* 30 planches
in-fol., demi-rel.

177 — Vues de Bologne. 48 pièces publiées en
1821, 1 vol. in-4.

178 — Recueil de costumes italiens, par *Pinelli.*
50 planches à l'eau-forte, in-fol. obl.

179 — Trente-quatre pièces. Costumes militaires
prussiens, coloriés.

180 — Costumes allemands. 98 planches; de ce
nombre, 12 dessins. 1 vol. in-4.

181 — Un portefeuille lithographies, traits, etc.

LIVRES A FIGURES, RECUEILS D'ESTAMPES.

182 — Atlas pour l'histoire des Nielles, par *Cigo-*
gnara.

183 — Stampa de Duomo de Orvieto. Roma, 1791.
38 pièces in-fol., en feuilles.

184 — Le Suaire, ou la Véronique de la cathédrale
de Saint-Guy, à Prague. Munich, in-fol.

185 — Peintures de Saint-Roch, à Bologne. 12 pié-
ces,

186 — Galerie de Dresde. Dresde, *F. Hanfstaenghl*,
1836 à 1837. 50 livraisons contenant
chaque 3 planches lithographiées sur papier de Chine, avec texte explicatif des
tableaux.

187 — Trente lithographies d'après les plus beaux
tableaux de la Galerie de Dresde et celle
de Munich, épreuves tirées pour la plu-
part sur papier de Chine.

188 — Lithographies d'après les tableaux de la Galerie de Munich. 43 pièces.

189 — Tableaux de l'École allemande de la Galerie
de Munich, autrefois en la possession des
frères Sulpice de Boisserée, et lithographiées sous leur direction par *Strixner*.
Grand in-fol. de 117 belles planches.

190 — Lithographies d'après les tableaux des grands
maîtres de l'Ecole italienne. Suite de 24
pièces publiées à Venise sous la direction de *C. Flachenecker*, *Kirchmayr* et
Donadel.

191 — Lithographies allemandes, d'après des tableaux anciens et modernes, par *Piloti*.

192 — Les marbres de Thorwaldsen, gravés par *Samuel Amsler*, in-fol. obl. Munich, 1835, 21 planches.

193 — Galerie historique de Versailles, avec texte explicatif. Paris, Gavard, 1838 à 1840, 11 séries en 4 forts vol. pet. in-fol., demi-rel.

194 — Galeries de Versailles, avec texte historique, par Th. Burette. Paris, Furne, 1844, 3 vol. in-4, demi-rel.

195 — Iconographie des contemporains étrangers les plus célèbres. Paris, Motte, 1828, 8 liv. in-fol.

196 — Iconographie française. Paris Delpech, 50 liv. in-fol.

197 — Contemporains de 1789 à 1820, Paris, Delpech, 50 liv. en 2 vol. in-fol., demi-rel., vél. blanc.

198 — Voyage romantique dans l'ancienne France, par Taylor. 1re partie, Normandie, 2 vol. in-fol., demi-rel.

199 — Franche-Comté, 1 vol. in-fol., demi-rel.

200 — Auvergne, 2 vol. in-fol., demi-rel.

201 — Languedoc, 4 vol. in-fol., demi-rel.

202 — Picardie, liv. 1 à 116, en feuilles. Ch. Nodier et Cailleux.

203 — Voyage en Orient, par Léon de la Borde. Paris, Didot, 1847, liv. 17 à 27.

204 — Esquisses africaines, dessinées pendant un voyage à Alger, par Adolphe Oth. Berne, 1838, 30 planches infol. lithog.

DESSINS.

205 — *Nicolas Hoff.* Dessin à la mine de plomb, d'après une fresque de Raphaël au monastère de Saint-Severo, à Perugia.

206 — Les Sybilles, d'après la fresque de Raphaël dans Sancta-Maria della Pace. Dessin par *G. Hayter,* en 1817.

207 — *Abraham Bloemaert.* Les Docteurs de l'Eglise, beau dessin à la plume et au bistre. On y a joint la gravure de C. Bloemaert.

208 — *Mme Seidelman* (deux aquarelles de). La Vierge à la chaise, d'après Raphaël, et la Vierge au silence d'Annibal Carrache.

209 — *Mathieu,* 1838. Vues du dôme de Ratisbonne, et deux vues à Nuremberg. Trois aquarelles.

210 — Cinq dessins. Ecoles allemande et anglaise.

211 — Six dessins et lithographies. Vues et vitraux.

212 — Quatorze dessins. Etudes.

213 — Quatorze études peintes. Sujets et paysages.

214 — Vues de Cassel, îles Boromées au lac Maggiore, Brienze, Staubach, chute du Rhin à Schaffouse, etc. 14 grandes gouaches, par *Bleuler,* en 1824. Cet article sera divisé.

215 — Vues du lac Maggiore, Berne et autres vues
à la gouache, par *Bleuler*. 11 pièces.

216 — Sept autres plus petites.

217 — Les articles omis.

3;49   Imp. Maulde Renou, rue Bailleul. 9-11.